AVIS SUR LES ÉCRITURES (NIV)

Les citations bibliques identifiées comme KJV sont tirées de la Sainte Bible, Version du Roi Jacques (King James Version – KJV).

AVIS DE NON-RESPONSABILITÉ

Cet ouvrage reflète les opinions, recherches, interprétations et convictions de l'auteur. Bien qu'il aborde des événements historiques, des réflexions spirituelles, des perspectives en matière de leadership et des thèmes liés à l'identité nationale, il n'est pas destiné à constituer un manifeste politique, une analyse juridique ou un décret théologique.

L'auteur a mis tout en œuvre pour garantir l'exactitude et l'intégrité du contenu ; toutefois, la responsabilité de l'interprétation et de l'application incombe au lecteur.

DROITS ET DISTRIBUTION

CATALOGAGE ET PUBLICATION

ISBN : 979-8-9945060-4-2
Numéro de contrôle de la Bibliothèque du Congrès :

Première édition
Imprimé aux États-Unis d'Amérique

Publié par
ABKD Global Learning and Innovations Center

POURQUOI CE GUIDE

Ce guide a été conçu pour amener les lecteurs au-delà de l'inspiration vers l'action. Il vise à aider les individus et les communautés à transformer l'espérance en responsabilité — et la responsabilité en transformation. La vision est simple : un Haïti renouvelé commence par des personnes déterminées qui choisissent d'agir.

CAHIER DU LECTEUR & GUIDE D'ACTION

De l'éveil à l'action : bâtir un Haïti en lequel nous croyons

COMMENT UTILISER CE CAHIER

Ce guide n'est pas fait pour être parcouru rapidement.
Il est fait pour être vécu.

Vous pouvez l'utiliser :
• Individuellement (réflexion personnelle et action)
• En petits groupes (églises, groupes de jeunes, cercles de la diaspora)
• En classe ou en formations de leadership
• Lors de réunions d'organisation communautaire

Chaque section vous fait progresser de la réflexion à la responsabilité, puis à l'action.

SECTION 1 — ÉVEIL PERSONNEL

Qu'est-ce que ce livre a éveillé en vous ?

____

____

____

____

____

____

Prenez le temps de réfléchir honnêtement.

CAHIER DU LECTEUR & GUIDE D'ACTION

De l'éveil à l'action : bâtir un Haïti en lequel nous croyons

1. Quel moment, chapitre ou récit vous a le plus marqué ? Pourquoi?

____

____

____

____

____

2. Quelles émotions ce livre a-t-il éveillées en vous ?

(Cochez tout ce qui s'applique et expliquez)

☐ Espoir

☐ Conviction

☐ Fierté

☐ Colère

☐ Responsabilité

☐ Urgence

Explication:

3. Quelle vérité sur Haïti ce livre vous a-t-il aidé à voir différemment ?

____

____

SECTION 2 — RESPONSABILITÉ PERSONNELLE

Quel est mon rôle ?

Haïti se reconstruit une personne à la fois.

4. Quelles compétences, influences ou ressources possédez-vous personnellement ?
(Exemples : enseignement, organisation, mentorat, entreprise, leadership spirituel, communication, temps, terrain, relations)

5. Quelle responsabilité avez-vous repoussée et que ce moment exige maintenant ?

DÉCLARATION D'ENGAGEMENT PERSONNEL

Écrivez une action concrète que vous entreprendrez dans les 30 prochains jours :

Je m'engage à :

Date de début : ____________________

SECTION 3 — RESPONSABILITÉ COLLECTIVE

Qui marchera avec moi ?

La transformation ne se fait pas seule.

6. Identifiez trois personnes que vous inviterez à partager cette responsabilité :

Nom Relation Comment vais-je l'inviter

1.

2.

3.

7. Quand vous rencontrerez-vous ou échangerez-vous ?
Date: ______________________

Lieu / Moyen : ______________________

8. Question à discuter ensemble :
Que pouvons-nous faire — ensemble — pour contribuer à la renaissance d'Haïti là où nous vivons ?

Notes de la discussion:

____

____

____

____

____

____

____

____

____

____

____

____

SECTION 4 — ACTION COMMUNAUTAIRE VISIBLE

Commencez là où vous êtes

Choisissez UN seul lieu dont vous pouvez prendre la responsabilité :

☐ Ma rue

☐ Une école

☐ Une église

☐ Un quartier

☐ Un espace public

☐ Autre : ____________________

OPTION D'ACTION A — NETTOYAGE COMMUNAUTAIRE

Formez une petite coalition (voisins, jeunes, membres d'église, amis).

Qui sera impliqué ?

____

____

____

____

____

____

____

____

Quelle zone sera nettoyée ?

____

____

____

Date de début prévue : ____________________

Le nettoyage n'est pas cosmétique.
Il restaure la dignité, la confiance et le sentiment d'appartenance.

OPTION D'ACTION B — PLANTATION D'ARBRES

De l'éveil à l'action : bâtir un Haïti en lequel nous croyons
Planter des arbres est un acte de foi dans l'avenir.

Lieu(x) : ______________________________
Nombre d'arbres (ou plantes) : ______________
Partenaires (école, église, voisins, jeunes) : ________

Chaque arbre dit : « Nous croyons qu'Haïti va grandir.

OPTION D'ACTION C — AUTRE INITIATIVE

(Mentorat des jeunes, soutien éducatif, action civique, leadership spirituel, engagement de la diaspora)

Décrivez votre initiative :

____

____

____

____

____

SECTION 5 — RESPONSABILITÉ & CONTINUITÉ

Du moment au mouvement

9. Comment vous assurerez-vous que cette action se poursuive au-delà d'un seul jour ?

☐ Suivi mensuel

☐ Responsabilité de groupe

☐ Engagement public

☐ Plan écrit

☐ Mentorat

Expliquez :

10. Comment impliquerez-vous les jeunes dans cet effort ?

____

____

____

____

____

____

SECTION 6 — RÉFLEXION APRÈS L'ACTION

(À compléter après 30–60 jours)

11. Qu'est-ce qui a changé dans votre communauté grâce à votre action ?

____

____

____

12. Qu'est-ce qui a changé en vous ?

13. Quelle est la prochaine étape ?

PAGE FINALE D'ENGAGEMENT

Signez ceci. Engagez-vous. Vivez-le.

Je comprends que la renaissance d'Haïti ne commence pas par des discours, mais par la responsabilité.
Je refuse la passivité.
Je choisis la dignité.
Je choisis l'action.

Nom: ______________________________
Signature: _________________________
Date: ______________________________
Lieu: ______________________________

DÉCLARATION FINALE

(Pour lecture individuelle ou en groupe)

Nous n'attendrons pas d'être sauvés.
Nous nettoierons les rues.
Nous planterons les arbres.
Nous formerons la jeunesse.
Nous rétablirons le respect.
Nous construirons ensemble.

Haïti se relèvera —
Parce que nous avons choisi d'agir.

CAHIER DU LECTEUR & GUIDE D'ACTION

De l'éveil à l'action : bâtir un Haïti en lequel nous croyons

TERMES DE LEADERSHIP ET DE COACHING AVEC SCÉNARIOS

TERMES DE LEADERSHIP

1. Leadership

Définition : La capacité de guider, d'influencer et d'inspirer les autres vers un objectif commun.

Scénario : Un membre de la communauté mobilise les voisins pour nettoyer une rue et motive tout le monde à participer.

2. Vision

Définition : La capacité à voir et à communiquer un avenir meilleur.

Scénario : Un enseignant encourage les élèves à imaginer un quartier plus sûr et plus développé, puis les aide à planifier comment y parvenir.

3. Unité

Définition : Rassembler les personnes malgré leurs différences.

Scénario : Des individus issus de différents milieux travaillent ensemble sur un projet communautaire plutôt que de se concentrer sur leurs désaccords.

4. Discipline

Définition : Un engagement constant envers des habitudes et une structure.

Scénario : Un groupe se réunit chaque samedi à la même heure et met en œuvre son plan d'action.

5. Responsabilité (Accountability)

Définition : Assumer la responsabilité de ses actions et de leurs résultats.

Scénario : Un membre de l'équipe reconnaît qu'il n'a pas accompli sa tâche et s'engage à s'améliorer.

6. Intégrité

Définition : Faire ce qui est juste, même lorsque personne ne regarde.

Scénario : Un leader refuse de détourner des fonds, même si personne ne le saurait.

7. Responsabilité (Responsibility)

Définition : Accomplir ses devoirs pour contribuer au bien commun.

Scénario : Un élève aide à organiser une activité scolaire plutôt que d'attendre que les autres le fassent.

8. Leadership de service

Définition : Diriger en servant les autres.

Scénario : Un leader consacre du temps à aider les membres de son équipe à réussir plutôt qu'à rechercher la reconnaissance.

9. Objectif commun

Définition : Un but partagé qui unit les individus.

Scénario : Un groupe décide de mettre en œuvre sa mission d'améliorer son quartier et travaille ensemble pour y parvenir.

10. Collaboration

Définition : Travailler ensemble pour atteindre un objectif.

Scénario : Enseignants, parents et élèves collaborent pour organiser un événement scolaire.

11. Confiance

Définition : La conviction quant à la fiabilité et à l'honnêteté des autres.

Scénario : Les membres d'une équipe comptent les uns sur les autres pour accomplir leurs tâches sans supervision constante.

12. Résilience

Définition : La capacité à se relever après des difficultés.

Scénario : Après un échec, le groupe tire des leçons et essaie de nouveau.

13. Courage

Définition : Agir malgré la peur ou la difficulté.

Scénario : Un élève dénonce une injustice alors que les autres restent silencieux.

14. Engagement

Définition : La détermination à poursuivre un objectif dans le temps.

Scénario : Un groupe continue à travailler sur un projet malgré les difficultés.

15. Empathie

Définition : Comprendre et partager les émotions des autres.

Scénario : Un leader écoute un membre en difficulté et lui apporte du soutien.

TERMES DE COACHING

16. Coaching

Définition : Aider les autres à grandir et à s'améliorer.

Scénario : Un mentor accompagne un jeune dans le développement de ses compétences en leadership.

17. Écoute active

Définition : Écouter attentivement, comprendre et répondre de manière réfléchie.

Scénario : Un coach écoute sans interrompre avant de donner des conseils.

18. Encouragement

Définition : Soutenir les autres pour renforcer leur confiance.

Scénario : Un enseignant valorise les efforts d'un élève même si le résultat n'est pas parfait.

19. Coaching de responsabilisation

Définition : Aider les autres à rester engagés dans leurs objectifs.

Scénario : Un leader effectue un suivi hebdomadaire pour s'assurer que les tâches sont accomplies.

20. Mentorat

Définition : Guider les autres grâce à son expérience.

Scénario : Un professionnel expérimenté conseille un jeune dans ses choix de carrière.

21. Rétroaction (Feedback)

Définition : conseils constructifs visant l'amélioration.

Scénario : Un coach explique ce qui a été bien fait et ce qui doit être amélioré.

22. Motivation

Définition : La force qui pousse à agir et à atteindre des objectifs.

Scénario : Un leader rappelle au groupe sa mission afin de maintenir l'engagement.

23. Orientation (Guidance)

Définition : conseils pour aider à prendre des décisions.

Scénario : Un mentor aide un étudiant à choisir la meilleure direction.

TERMES DE GROUPE ET DE DÉVELOPPEMENT

(je garde la même qualité)

24. Travail d'équipe

Définition : La capacité à collaborer efficacement avec d'autres pour atteindre un objectif commun.

Scénario : Un groupe communautaire répartit les tâches entre ses membres et s'entraide pour organiser un événement réussi.

25. Vision partagée

Définition : Une compréhension commune des objectifs et de la direction à suivre.

Scénario : Une équipe se met d'accord sur ce que signifie le succès avant de commencer un projet, afin de travailler dans la même direction.

26. Rôles

Définition : Les responsabilités spécifiques attribuées à chaque membre d'un groupe.

Scénario : Dans un projet, une personne coordonne, une autre communique, et une autre supervise les activités.

27. Communication

Définition : L'échange clair et efficace d'informations, d'idées et de sentiments.

Scénario : Une équipe discute ouvertement de ses plans afin d'éviter les malentendus et d'assurer une bonne coordination.

28. Système de responsabilisation

Définition : Ensemble de mécanismes permettant de suivre les engagements et de garantir leur exécution.

Scénario : Un groupe met en place des réunions hebdomadaires pour suivre l'avancement des tâches et ajuster les actions si nécessaire.

29. Résolution de conflits

Définition : Le processus de gestion et de résolution des désaccords de manière constructive.

Scénario : Deux membres d'un groupe expriment calmement leurs points de vue et trouvent un compromis pour avancer.

30. Responsabilité collective

Définition : Le fait que tous les membres d'un groupe partagent la responsabilité des résultats, qu'ils soient positifs ou négatifs.

Scénario : Après un échec, le groupe analyse ensemble ce qui n'a pas fonctionné, plutôt que de blâmer une seule personne.

31. Engagement

Définition : La participation active, constante et volontaire à un projet ou à une mission.

Scénario : Tous les membres d'un groupe participent régulièrement aux réunions et contribuent aux actions prévues.

32. Initiative

Définition : La capacité à prendre des décisions et à agir sans attendre d'instructions.

Scénario : Un membre propose et lance une activité communautaire sans attendre qu'on lui en demande.

33. Autonomisation (Empowerment)

Définition : Le processus consistant à donner aux individus la confiance, les compétences et l'autorité nécessaires pour agir.

Scénario : Un leader encourage les jeunes à diriger un projet et leur donne les moyens de réussir.

LEADERSHIP AXÉ SUR L'UNITÉ (Unity-Driven Leadership)

1. **Le leadership d'unité**

Définition : La capacité à rassembler les individus au-delà de leurs différences (politiques, sociales, culturelles).

Doit être développé par :

• Le respect de la diversité

• Le développement de la confiance

• La priorité donnée à une vision commune plutôt qu'aux intérêts personnels

• La collaboration

2. Discipline

Définition : Un engagement constant envers la structure, la préparation et l'excellence.

Doit être développé par :

• Des habitudes quotidiennes

• La ponctualité

• La préparation

• La maîtrise de soi

3. Responsabilisation (Accountability)

Définition : Assumer la responsabilité de ses actions et de ses résultats sans excuses.

Doit être développé par :

• La reconnaissance de ses erreurs

• La transparence

• Une communication honnête

• Le suivi des engagements

4. Leadership de service

Définition : Diriger dans l'intérêt des autres et non pour un gain personnel.

Doit être développé par :

• L'humilité

• Le sacrifice

• L'engagement envers la communauté

• La priorité donnée à la mission plutôt qu'à l'ego

5. Objectif commun (Shared Purpose)

Définition : Aligner les individus autour d'une mission commune.

Doit être développé par :

• Des objectifs clairs

• Un engagement collectif

• Une communication efficace

• L'alignement autour d'une vision

Réflexion

Quelle caractéristique de leadership démontrez-vous le plus ?

Laquelle devez-vous développer dès maintenant ?

PARTIE 2 — CARACTÉRISTIQUES FONDAMENTALES DU COACHING

1. Écoute active

Définition : Se concentrer pleinement, comprendre et répondre de manière réfléchie aux autres.

À développer par :

• Éviter d'interrompre

• Poser des questions de clarification

• Faire preuve de respect

2. Encouragement

Définition : Renforcer la confiance des autres par le soutien et la valorisation.

À développer par :

• Reconnaître les efforts

• Célébrer les progrès

• Encourager positivement les autres

3. Coaching de responsabilisation

Définition : Aider les autres à rester engagés dans leurs objectifs et responsabilités.

À développer par :

• Établir des attentes claires

• Assurer un suivi régulier

• Donner des retours honnêtes

4. Mentorat

Définition : Guider les autres par l'expérience et la sagesse.

À développer par :

• Partager ses connaissances

• Donner l'exemple

• Investir du temps dans les autres

Réflexion

Qui êtes-vous en train de coacher ou d'influencer actuellement ?

Quel type de coach êtes-vous en train de devenir ?

PARTIE 3 — MODÈLE DE DÉVELOPPEMENT DE GROUPE

Chaque groupe doit développer :

1. Vision partagée

• Que construisons-nous ensemble ?

• Pourquoi cela est-il important ?

2. Rôles clairs

• Qui est responsable de quoi ?

3. Culture de communication

- Respectueuse
- Honnête
- Orientée vers les solutions

4. Système de responsabilisation

- Réunions de suivi régulières
- Actions mesurables
- Responsabilité collective

Réflexion de groupe

Qu'est-ce qui manque le plus dans votre groupe actuellement ?

____

____

____

____

PARTIE 4 — SCÉNARIOS D'ANALYSE DE GROUPE

Scénario 1 — Le leader peu fiable

Un leader parle constamment du changement, mais passe rarement à l'action. Les réunions sont annulées et les engagements ne sont pas tenus.

Questions :

• Quelles caractéristiques de leadership manquent ?

• Comment le groupe doit-il réagir ?

• À quoi ressemblerait une véritable responsabilisation dans cette situation ?

Scénario 2 — Conflit dans l'équipe

Deux membres sont en désaccord et cessent de collaborer. Le groupe commence à se diviser.

Questions :

• Quelles compétences de coaching sont nécessaires ?

• Comment restaurer l'unité ?

• Quel rôle le leader doit-il jouer ?

Scénario 3 — Manque d'initiative

Le groupe se réunit mais ne passe pas à l'action.

Questions :

• Qu'est-ce qui manque : la vision, le courage ou la responsabilité?

• Comment passer immédiatement à l'action ?

• Quelle action concrète peut être mise en œuvre cette semaine ?

Scénario 4 — Exclusion des jeunes

Les adultes dirigent tout. Les jeunes sont présents mais ne participent pas aux décisions.

Questions :

• Quel principe de leadership est ignoré?

• Pourquoi l'implication des jeunes est-elle essentielle ?

• Comment corriger cette situation ?

PAGE DE RÉFLEXION FINALE

Lesquels de ces principes pratiquez-vous bien ?

Lesquels devez-vous développer immédiatement ?

Mini-réflexion

Parmi ces éléments, lequel est le plus fort dans votre groupe ?

Lequel doit être développé en priorité

PAGE DE RÉFLEXION FINALE

Lesquels de ces principes pratiques-tu bien ?

Lesquels dois-tu développer immédiatement ?

CAHIER DU LECTEUR & GUIDE D'ACTION

De l'éveil à l'action : bâtir un Haïti en lequel nous croyons

CITATION FINALE (FRANÇAIS)

Le leadership commence lorsque la responsabilité devient action — et une nation s'élève lorsque son peuple choisit les deux.

Merci d'avoir choisi d'être des individus responsables, disciplinés et engagés, qui dirigent par l'action.

NOTES

CAHIER DU LECTEUR & GUIDE D'ACTION

De l'éveil à l'action : bâtir un Haïti en lequel nous croyons

Made in the USA
Coppell, TX
18 April 2026

76087122R00022